W0237344

Inhalt

Was ist Disziplin? 4

Unterschiede zwischen Disziplin und Selbstdisziplin .. 8

Warum ist Disziplin wichtig? 9

Welche Folgen kann eine fehlende Selbstdisziplin haben? 13

Die Reise zur Selbstdisziplin: Beginnen wir mit den Grundpfeilern 15

Das Experiment zur Disziplin, wenn die Marshmallows den Disziplinmangel aufzeigen 16

Der persönliche Marshmallow 19

Warum hat man manchmal keine Disziplin? 21

Worin uns die Disziplin weiterhelfen kann 24

Kann man Disziplin lernen? 27

Das eigene Handeln vor Augen führen 30

So erlernt man die eigene Disziplin: Ich schaffe das! ... 35

3 elementare Tipps zum Lernen der Selbstdisziplin . 37

Wichtige Tipps für die Selbstdisziplin 39

Mit Motivation zur Disziplin: Springe auf den Zug zur Fahrt ins Glück 44

Do-it-yourself - Tipps zur Motivation 46

Wieso sollte man für die Selbstdisziplin langfristig denken? 49

Ich denke, was ich bin! Wie meine Gedanken mich beeinflussen? 53

Negative Gedanken-Phasen, die Ihre Selbstdisziplin stören 55

Positive Gedanken, die Selbstdisziplin fördern......... 57

Wie kann ich von erfolgreichen Menschen lernen? . 59

Entwickle gute Gewohnheiten, um mit Disziplin den Alltag zu meistern 62

Checkliste – Wie steht es um Ihre Selbstdisziplin? Testen Sie, wie diszipliniert Sie wirklich sind. 65

Schlussworte.. 68

Selbstdisziplin lernen

Steigere deine Willenskraft, ändere deine Gewohnheiten und werde erfolgreich

von

Julian Grubzeller

Was ist Disziplin?

Disziplin ist die Folge von Einsicht, dass man sich Zwänge auferlegen muss.

Wie würden Sie die Disziplin beschreiben? Nun werden Sie sich sicherlich fragen, wie Sie etwas so Grundlegendes beschreiben sollen. Die Disziplin wird durch mehrere Definitionen in unserer Gesellschaft etabliert. Abgeleitet wird das Wort Disziplin von dem Lateinischen und bedeutet so viel wie Lehre, Zucht und Schule. Es beziffert ein Verhalten und kann in den Teilbereichen der Einzelwissenschaften, der Sportdisziplin und des Wehrsport gefunden werden.

Für uns Menschen ist es schwer, die Disziplin in Worte zu fassen. Wir möchten es an dieser Stelle trotzdem versuchen. Die Disziplin, welche auch als Selbstdisziplin beschrieben wird, ist eine Form der bewussten Selbstregulierung. Sie beinhaltet die Gehorsamkeit. Welche die Ordnungsregulierung innerhalb einer Befehlskette beschreibt.

Mit dem allgemeinen Wort Disziplin verbinden sehr viele ein ganz bestimmtes Verhalten, welches vor allem erfolgreiche Menschen an den Tag legen. Andere wiederum verbinden damit wichtige Eigenschaften, die nicht jeder Mensch aufweisen kann.

Somit lässt sich also die Disziplin als Definition nicht ganz einfach in Worte fassen. Man kann jedoch davon ausgehen, dass es sich dabei um das Einhalten spezieller Vorschriften und Verhaltensregeln handelt. Diese Vorschriften und Verhaltensregeln schreibt der Mensch sich selbst vor, wenn er die Selbstdisziplin in seinen Alltag integriert.

Die Disziplin definiert sich als Ordnung und Zucht sowie die Fähigkeit seine Stimmung, Emotion und Neigung zu kontrollieren.

Menschen, die mit Disziplin agieren, werden von ihrer Außenwelt häufig als gefühllos und berechnend beschrieben. Doch genau diese Eigenschaften sorgen dafür, dass der Mensch mit seiner hohen Disziplin auch größere Erfolg vorzuweisen hat. Man kann diese Art der

Eigenschaft also als Charakterstärke beschreiben. Die Disziplin wird in den Eigenschaften eines Menschen nicht nur mit Selbstbeherrschung beschrieben, sondern auch mit Zucht und der eben gerade beschriebenen Charakterstärke. Zurückhaltung wird ebenfalls mit dieser Wahrnehmung verbunden.

Das genaue Gegenteil eines Disziplinverhaltens ist Spontanität, Offenherzigkeit und Leidenschaft. Natürlich sind diese Eigenschaften für einen Menschen ebenso wichtig wie die Disziplin selbst. In manchen Bereichen sollte man diszipliniert handeln, um sich seinen Erfolg zu gönnen.

Gerade im beruflichen Aspekt kann Disziplin sehr viele Vorteile haben. Leider wird dieses Verhalten auch häufig mit verschiedenen Assoziationen verbunden. Diese sind nicht nur positiven Ursprungs, sondern Disziplin kann auch negative Assoziationen hervorrufen. Diese negativen Verknüpfungen sollte jeder, der sich für die Disziplin entscheidet, aus seinem Gedächtnis streichen. Denn Sie verhindern, dass man sich selbst diszipliniert.

Mit einem Disziplinverhalten wird häufig Strenge, Anstrengung, Drill, Strafe und Härte verbunden. Selbstverständlich hat die Selbstdisziplin etwas mit Härte, Strenge und Anstrengung zu tun. Denn ohne diese Anstrengung und ohne die Härte schafft man es nicht, sich selbst so stark zu motivieren, dass die Selbstdisziplin auch wirklich greift.

Wir haben nun einige Merkmale der Disziplin aufgezeigt. Dabei kann das Gefühl hervorgerufen werden, dass Disziplin etwas Allumfassendes im Leben sein muss. Doch das ist meistens nicht der Fall. Denn die Disziplin sollte punktuell auf bestimmte Ziele im Leben gerichtet sein. Es kann für einen Menschen nicht schädlich sein, spontan und offenherzig zu sein. Man sollte jedoch genau wissen, wo man die Disziplin anzuwenden hat.

Wir möchten nun in den nachfolgenden Kapiteln darauf eingehen, warum die Disziplin so wichtig ist, warum man manchmal keine Disziplin hat und worin Disziplin weiterhelfen kann.

Unterschiede zwischen Disziplin und Selbstdisziplin

Wir haben in dem oberen Artikel schon die Selbstdisziplin angesprochen. Wir möchten an dieser Stelle aufzeigen, worin die Unterschiede zwischen der Disziplin und der Selbstdisziplin liegen. Die Disziplin beschreibt ein kontrolliertes Verhalten. Die Selbstdisziplin hingegen beschreibt eine Selbstbeherrschung, die ein stetiges und eigen kontrolliertes Verhalten an den Tag legt.

Somit kann man sagen, dass die Disziplin und die Selbstdisziplin im Grunde von den Definitionen her das Gleiche ist. Wer Disziplin an den Tag legt, hat die Selbstdisziplin bereits in seinem Alltag integriert. Das heißt also, die Selbstdisziplin ist etwas, was wir uns selber vorschreiben. Die Disziplin ist das Resultat.

Man kann für die Disziplin viele Bezeichnungen finden. Neben der Selbstdisziplin lässt sich natürlich auch die Selbstkontrolle damit beschreiben oder die Selbstbeherrschung. Selbst die Willenskraft wird mit der Disziplin beschrieben. Somit lässt sich also an dieser Stelle zusammenfassen, dass die Disziplin ein Oberbegriff ist.

Warum ist Disziplin wichtig?

Wir haben ganz kurz darüber gesprochen, was die Disziplin eigentlich ist. Im Normalfall weiß jeder, was Disziplin und damit auch die Selbstdisziplin ist. Wir möchten nun jedoch darauf eingehen, warum die Disziplin und damit auch die verbunden Selbstdisziplin so wichtig sind.

Fassen wir an dieser Stelle ganz kurz zusammen, dass wir mit der Disziplin immer die Selbstdisziplin meinen. Denn bevor Disziplin im Alltag gewährleistet wird, muss die Selbstdisziplin den Charakter des Menschen stärken. Nun wird sich der ein oder andere fragen, warum die Disziplin eigentlich so wichtig ist. Schon in der Schule wurde uns beigebracht, dass wir diszipliniert zu lernen haben. Unsere Eltern wollten uns beibringen, uns diszipliniert auf ein Ziel zu konzentrieren. Doch warum diese ganze Anstrengung?

Aus einem ganz einfachen Grund, Disziplin sorgt dafür, dass Erfolge im Leben erzielt werden. Schafft man es nicht, die Selbstdisziplin an den Tag zu legen, wird man Projekte im Alltag oder Aufgaben nicht bewältigen können. Denn zu allem muss man eine gewisse Einstellung besitzen. Natürlich muss man seinen Alltag nun nicht punktuell planen. Doch man sollte so viel Disziplin an den Tag legen, dass man seine alltäglichen Aufgaben konzentriert und schnell erledigt.

Die Disziplin ist eine fundamentale Eigenschaft. Diese fundamentale Eigenschaft ruft bei vielen auch Stress hervor. Denn mit Disziplin wird verbunden, dass man Dinge tun muss, auf die man eigentlich keine Lust hat. Doch genau um diesen Aspekt geht es. Disziplin oder auch Selbstdisziplin bedeuten im Grunde nichts anderes, als die Gewohnheit zu erschaffen, Dinge zu erledigen oder zu bewältigen. Nur mit dieser Gewohnheit kann man im Leben vorankommen.

Wir möchten dazu einige Beispiele aus dem Alltag benennen.
Die Selbstdisziplin zeigt sich bei uns überall. Schon früh beim Wecker klingeln müssen wir die Selbstdisziplin aufzeigen, um aufzustehen.
Egal wie früh es ist, wir müssen uns dazu drängen, die Beine aus dem Bett zu bewegen. Damit haben wir bereits den ersten Meilenstein des Tages erreicht. Würden wir den Tag weiter betrachten, dann gehört es mit zu unserer Selbstdisziplin, sich fertig zu machen, einen Kaffee zu trinken und auf die Arbeit zu gehen.

Ein Punkt, der sehr vielen Menschen schwerfällt. Das Gleiche gilt natürlich auch für den Schulalltag oder die Ausbildung. Sind wir auf der Arbeit oder in der Schule erst einmal angekommen, haben wir bereits den nächsten Meilenstein im Alltag geschafft. Auch hierzu war Selbstdisziplin nötig.

Wir könnten nun den ganzen Tag durchgehen, doch überall wird uns die Disziplin und damit die Selbstbeherrschung entgegentreten. Sei es auf der Arbeit, privat oder auch im familiären Umfeld. Wir müssen, um bestimmte Dinge im Alltag zu integrieren, Disziplin an den Tag legen. Überlegen Sie kurz und gehen Sie in sich.

Wo müssen Sie überall Disziplin beweisen?

Schreiben Sie diese Momente am besten direkt auf. Dabei sollten Sie notieren, warum Sie an dieser Stelle Disziplin zeigen müssen.

Doch warum brauchen wir sie?

Dazu gibt es eine ganz einfache Antwort. Wer keine Selbstdisziplin an den Tag legt, wird sich selber nicht zu weiteren Leistungen antreiben können und somit ein Leben führen, welches er sich wahrscheinlich nicht gewünscht hat. Um beruflich und privat Erfolge erzielen zu können, benötigt man Disziplin. Die Willenskraft spielt dabei natürlich eine enorme Rolle. Denn nur wenn der Willen stark genug ist, kann man sich zur Selbstdisziplin motivieren.

Fassen wir an dieser Stelle zusammen, die Selbstdisziplin ist wichtig, um den alltäglichen Stress zu bewältigen und sich seine eigenen Ziele erfolgreich näherzubringen. Wer das nicht tut, wird unter schwerwiegenden Folgen leiden.

Welche Folgen kann eine fehlende Selbstdisziplin haben?

Wird eine eiserne Disziplin brüchig, hat sie Rost angesetzt.

Selbstbeherrschung und Disziplin sind zwei Aspekte, die jeder Mensch im Leben besitzen sollte. Diese Eigenschaften ermöglichen es uns, Ziele erfolgreich zu bewältigen. Wer die Selbstdisziplin nicht in sein Leben integrieren kann, wird schwerwiegende Probleme bekommen. Denn dadurch können berufliche Aspekte nicht erfolgreich bewältigt werden, wodurch wiederum ein finanzielles Risiko entsteht. Wer keine Selbstdisziplin an den Tag legt, wird auch kein Selbstbewusstsein entwickeln können. Denn das Selbstbewusstsein erhalten wir Menschen nur, wenn wir unsere Erfolge verinnerlichen. Da Erfolge jedoch ohne Selbstdisziplin häufig ausbleiben, wird man das Problem bekommen, sich in einem Teufelskreis zu befinden.

Wer aus diesem Teufelskreis gerne ausbrechen würde, sollte ganz schnell lernen, sich zu motivieren, Selbstdisziplin und Selbstbeherrschung zu erlernen. In unserem Buch soll es nun nicht nur um die Umstände gehen, wie man Disziplin definiert und wie man sie bekommt, sondern auch wie man seine Lebensqualität langfristig verbessern kann. Denn dazu braucht es Disziplin.

Um die Disziplin in seinen Alltag zu integrieren, sollten Sie gute Gewohnheiten entwickeln und diese ausbauen. Dauerhafte Motivation gehört natürlich mit dazu. Außerdem ist positives Denken ganz besonders wichtig. Damit haben wir nun also schon die Grundbausteine der Disziplin und damit der verbesserten Lebensqualität zusammengefasst.

Die Reise zur Selbstdisziplin: Beginnen wir mit den Grundpfeilern

Wir möchten Sie nun bitten, mit uns eine Reise zu beginnen, die Ihnen beibringen soll, wie Sie Selbstdisziplin erlernen, wie Sie das positive Denken in Ihren Alltag integrieren und wie Sie dadurch ganz automatisch eine bessere Lebensqualität erhalten. Wir hoffen, wir können Ihnen damit beibringen, wie Sie die Grundpfeiler Ihres Lebens neu strukturieren. Man kann das Erlernen der Disziplin auch mit einem Hausbau beschreiben.

Die Grundpfeiler haben wir nun bereits gesetzt, indem wir gelernt haben, was Disziplin ist und warum sie so wichtig ist.

Das Experiment zur Disziplin, wenn die Marshmallows den Disziplinmangel aufzeigen

Wir möchten Sie nun einladen zu einem kleinen Experiment. Dieses Experiment wurde bereits wissenschaftlich durchgeführt. In der Wissenschaft und auch in der Disziplin-Forschung wird es als Marshmallow-Experiment bezeichnet. Natürlich lässt sich dieses Experiment auf viele Bereiche im Leben anwenden.

Verdeutlichung für die Wichtigkeit der Disziplin: Im Studium ist es beispielsweise wichtig, Selbstbeherrschung und Disziplin aufzubringen, damit man den langweiligen Lernstoff auch verinnerlicht. Das Gleiche gilt für einen Azubi, der gerade dabei ist, seinen Abschluss zu machen. Schon in der Schule müssen wir Disziplin aufzeigen. Wer diese nicht zeigt, wird den Lernstoff nicht verinnerlichen und somit einen schlechteren Abschluss bekommen.

Wie wichtig das Thema Disziplin ist, hat bereits die Analyse des Innsbrucker Professors für experimentelle Wirtschaftsforschung gezeigt. Matthias Sutter hat mit seinem Marshmallow-Experiment beeindruckend die Disziplin definiert.

In seiner Forschung beschrieb er, dass die Disziplin und die Selbstbeherrschung für den persönlichen Erfolg besonders wichtig sind. Dabei erkannte er, dass man die Disziplin natürlich in vielen Bereichen des Lebens benötigt. Außerdem fand er heraus, dass Menschen, die sich mit der Selbstdisziplin disziplinieren können, ebenso viel Erfolg haben wie sehr hochintelligente Menschen. Das wiederum bewies auch das benannte Marshmallow-Experiment.
Er selbst hat das Experiment nicht durchgeführt, sondern nutzte es lediglich als Ausgangspunkt seiner Forschung. 1960 wurde eine Versuchsreihe mit Kindern durchgeführt. Diese Versuchsreihe war so präsent, dass sie selbst in der Werbebranche als Verkaufsargument genutzt wurde.

In dem Werbespot mit dem Ü-Ei präsentierte man das Marshmallow-Experiment auf eine etwas andere Weise. Während des Experiments bekamen alle Kinder ein Marshmallow.
Der Versuchsleiter gab den Kindern genau zwei Möglichkeiten. Sie konnten die sofortige Belohnung erhalten und das Marshmallow verzehren oder aber sie warteten auf die Rückkehr des Versuchsleiters und erhielten eine zweite Belohnung. Die Kinder standen also während der gesamten Experimentreihe vor der Wahl, das

Marshmallow sofort zu verzehren und damit eine sofortige Belohnung zu erhalten, oder zu verzichten und auf ein zweites Marshmallow zu warten.

Stellen Sie sich bitte kurz in diesem Experiment selbst vor. Überlegen Sie, welche Entscheidung Sie getroffen hätten. Dabei dürfen Sie nicht vergessen, dass Sie keinerlei Information erhielten, wann der Versuchsleiter zurückkommt. Vielen Kindern fiel es schwer, die sofortige Belohnung auszuschlagen und auf eine zweite zu warten. Erstaunlich war jedoch, dass viele Kinder standhaft blieben und auf die Rückkehr des Versuchsleiters warteten.

In der Forschung zur Selbstdisziplin wurden solche Experimente relativ häufig durchgeführt. Und auch heute noch kann man das Experiment mit dem eigenen Verhalten verbinden.

Der persönliche Marshmallow

Könnten Sie vorhersagen, ob Sie so viel Disziplin an den Tag legen würden, um das zweite Marshmallow abzuwarten? Es ist eine schwierige Aufgabe, die man sich kaum vorstellen kann. Auch wenn man im ersten Moment davon ausgeht, man könnte verzichten, ist man sich nicht ganz sicher, ob die eigene Selbstdisziplin dazu ausreicht. Es ist natürlich nicht ganz einfach, die Selbstbeherrschung und die Disziplin auch im Alltag zu zeigen. Der innere Schweinehund kämpft täglich mit. Haben auch Sie einen solches symbolisches Marshmallow in Ihrem Leben? Gibt es irgendetwas in Ihrem Leben, das eine enorme Selbstdisziplin hervorruft?

Typische Beispiele aus dem Leben: Bei den meisten ist es das zeitige Aufstehen am Montagmorgen. Bei anderen wiederum ist es die tägliche Schokolade oder sogar der Verzicht auf Kohlenhydrate oder andere Nahrungsbestandteile. Auch das unkontrollierte Geldausgeben ist häufig ein Problem, welches nur mit Selbstdisziplin gestoppt werden kann.

Um dieses eigene symbolische Marshmallow zu überwinden, muss man Disziplin und damit auch Motivation beweisen. Es wäre also wichtig, Selbstdisziplin zu lernen, damit man diese schädlichen Bestandteile in seinem Leben verringert.

Nachfolgend möchten wir Ihnen aufzeigen, warum man manchmal keine Disziplin hat und worin die Disziplin weiterhelfen kann. Anschließend werden wir die Reise beginnen, um Ihnen zu beweisen, dass auch Sie Selbstdisziplin lernen können. Dabei wollen wir Ihnen einige Tipps und Tricks vermitteln und Ihnen das langfristige Denken in Bezug auf die Selbstdisziplin ermöglichen.

Warum hat man manchmal keine Disziplin?

Die Ursachen mangelnder Disziplin sind sehr vielfältig. Sie lassen sich zwar in allgemeine Tatsachen definieren, doch bei jedem Menschen kann es andere Gründe haben. Die größte Ursache mangelnder Selbstdisziplin ist häufig der Faktor, dass man einfach keine Lust hat. Hat man keine Lust dazu, früh am Morgen aufzustehen und auf die Arbeit zu gehen, dann lässt man sich ganz gerne ablenken. Betrachtet man den Alltag anhand des alltäglichen Ablaufs, kann man feststellen, dass sehr viele Aufgaben den Tag gestalten und wir uns mindestens von genauso vielen Aufgaben ablenken lassen.

Sobald wir merken, dass keine Lust und damit keine Motivation vorhanden sind, müssen wir Disziplin an den Tag legen. Ist diese Disziplin nicht vorhanden, kann man ganz schnell eine Ablenkung erfahren und die Aufgabe ganz einfach vergessen. Doch das führt nicht zu einem erfolgreichen und selbstmotivierten Leben, sondern zu einem Alltag der wenig Lebensqualität bietet.

Haben auch Sie solche Aufgaben? Dann schreiben Sie diese auf. Visualisieren Sie Ihr Problem!

In unserem Buch möchten wir die Ursachen fehlender Disziplin beseitigen. Um diese zu beseitigen, müssen wir sie natürlich genau definieren. Mit zu den Ursachen fehlender Disziplin gehört die mangelnde Motivation, die Lustlosigkeit, der Drang Angenehmeres zu erledigen, unbewusste Widerstände und natürlich auch die Faulheit. Das alles sind Aspekte, die wir leider in unserem Leben integrieren, ohne dass wir es merken.

Wir Menschen sind unseren Stimmungen und unseren Emotionen ausgesetzt. Schaffen wir es nicht, diese Emotionen und Gefühle auf ein positives Level zu heben, können wir die Disziplin nur schwer erreichen. Natürlich gehört auch ein gewisser Teil der eigenen Persönlichkeit mit dazu.

Wir können also an dieser Stelle zusammenfassen, dass die Disziplin nur dann möglich ist, wenn wir unsere Eigenschaften genau kennen, unsere Schwächen verstehen und lernen, diese Schwächen durch Motivation zu beseitigen. Dabei spielt unser Gedankengut eine enorme Rolle. Wir werden später in diesem Buch noch einmal auf die positiven

Gedanken und die daraus resultierende Eigenmacht eingehen.

Worin uns die Disziplin weiterhelfen kann

Wir haben nun sehr viel über die Selbstdisziplin und auch über die Motivation gesprochen. Kommen wir nun zu einem wichtigen Punkt, der den Meilenstein unseres Buches bereits kurz beschreiben soll.

Worin kann uns die Disziplin weiterhelfen? Um Disziplin an den Alltag zu legen und diese auch zu erlernen, muss man natürlich wissen, wofür man diese Anstrengung überhaupt aufbringt. Denn der Mensch macht nichts ohne eine Belohnung. So wird es sicherlich auch Ihnen gehen. Worin kann uns nun die Disziplin weiterhelfen? In erster Linie um unseren Alltag sinnvoll und damit auch für uns selbstbestimmt zu gestalten. Legen wir keine Selbstdisziplin an den Tag, werden Menschen unglücklich, da sie sich keinerlei Ziele setzen können.

Wer einfach nur in den Tag hineinlebt und sich keine Ziele setzt, wird auch kein Selbstbewusstsein aufbauen können. Es gibt noch andere Aspekte, die dafür sorgen, dass die Disziplin in unserem Alltag ganz schnell Einzug halten sollte. Wer in den Tag hinein lebt, sich keine Ziele setzt und damit auch keine Disziplin an den Tag legt, wird von der Gesellschaft ausgeschlossen. Menschen versuchen immer Gleichgesinnte zu finden. Dabei spielt natürlich die Disziplin eine enorme Rolle. Wer erfolgreich und selbstbestimmt in das eigene Leben startet, wird gleiche Personen anziehen und somit ein soziales Umfeld aufbauen können. Wer jedoch ohne Ziele in den Alltag lebt und somit auch keine Disziplin beweist, wird auch keine sozialen Kontakte pflegen können. Selbstverständlich versucht man. sich immer mit Menschen zu verbinden, die die gleichen Ziele anstreben und somit auch die gleiche Selbstdisziplin an den Tag legen.

Schon aus diesem Grund ist die Selbstdisziplin sehr wichtig. Doch aus noch einem anderen Grund sollten Sie lernen, wie man sich selbst diszipliniert. Die Lebensqualität wird durch unser Handelns bestimmt. Wie die eigene Lebensqualität aussehen soll, das muss jeder selbst bestimmen. Der eine wünscht sich für sein Leben eine Ausgeglichenheit, der nächste möchte große Ziele erreichen. Wie groß diese Ziele sind, das müssen Sie alleine bestimmen. Wir möchten nun an dieser Stelle direkt mit der ersten Lektion beginnen. Um weiterhin unserem Buch folgen zu können, sollten Sie nun direkt an dieser Stelle Ihre Ziele für Ihr Leben aufschreiben.

Stellen Sie sich nun also die Frage:

Welche Ziele habe ich?

Nehmen Sie sich ein Blatt Papier und einen Stift und schreiben Sie Ihre Ziele auf. Das können berufliche, private oder auch ganz persönliche Ziele sein. Wer gerne ein selbstbestimmtes Leben führen möchte, muss natürlich diese Ziele definieren, damit er später den Weg zu diesen Zielen findet. Der Weg wird durch Selbstdisziplin gepflastert sein.

Kann man Disziplin lernen?

Die Disziplin und damit die verbundene Willenskraft ist etwas, was man nur sehr schwer in Worte fassen kann. Sie scheint etwas Unerreichbares zu sein. Man weiß nicht genau, wie man es schaffen soll, sich die wichtige Selbstdisziplin beizubringen. Deswegen kommen wir nun zu der Frage, ob man Selbstdisziplin lernen kann. Selbstverständlich kann man es erlernen, sich selbst zu disziplinieren. Schon als Kinder lernen wir die Selbstdisziplin und somit auch die Disziplin in unseren Alltag zu integrieren. Durch das ganz einfache Belohnungs- und Bestrafungssystem.

Dieses System können wir auch heute noch im Erwachsenenalter in den Alltag integrieren. Legen wir keine Selbstdisziplin an den Tag, werden wir unsere Ziele nicht erreichen und somit auch keine höhere Lebensqualität erzielen. Dieser Aspekt lässt sich als Bestrafung definieren. Die Belohnungen für unsere Disziplin sind Erfolg, Geld und ein gesundes Selbstbewusstsein.

Um die Selbstdisziplin zu lernen, muss man natürlich sich selbst genau kennen. Deswegen bitten wir Sie nun, Ihre Stärken und Ihre Schwächen aufzuschreiben. Nehmen Sie sich einige Minuten Zeit und definieren Sie ganz genau, worin Ihre Stärken liegen. Das können Eigenschaften oder auch Glaubenssätze sein. Haben Sie Ihre Stärken definiert, sollten Sie auch Ihre Schwächen aufzeigen. Sind Sie beispielsweise leicht abzulenken oder verspüren Sie eine Hilfsbereitschaft, dann sollten Sie das nun aufschreiben.

Versuchen Sie nun, aus diesen Stärken und Schwächen Ihre Disziplin zu finden. Womit können Sie in Ihrem Leben etwas erreichen? Das müssen nicht nur Stärken sein, sondern auch Schwächen können zur Disziplinstärkung genutzt werden. Sind Sie beispielsweise enorm hilfsbereit, können Sie das zu Ihrer Passion machen. Anhand dieser Passion können Sie dann Ziele definieren, wodurch Sie wiederum Ihre Stärken benötigen. Auf die Frage, ob man die Selbstdisziplin lernen kann, können wir nur mit einem ganz klaren Ja antworten.

Jeder Mensch hat die Gene dazu, sich selbst zu disziplinieren und Disziplin und Willenskraft an den Tag zu legen. Dabei sollte man natürlich seine Bedürfnisse und seine Träume kennen, um seine Ziele und seine Selbstdisziplin darauf auszurichten. Wir werden nun in den nachfolgenden Abschnitten darauf eingehen, wie Sie durch das Bewusstsein Ihrer eigenen Handlungen die Disziplin unterstützen können und wie man die eigene Disziplin lernt.

Das eigene Handeln vor Augen führen

Wir haben ganz kurz beschrieben, dass man die Selbstdisziplin lernen kann. Wollen wir nun mit dem ersten Schritt beginnen. Dabei sollte man sich das eigene Handeln vor Augen führen. Das ist keine ganz einfache Aufgabe, sorgt aber dafür, dass man sich selbst motivieren kann. Personen, die eine sehr hohe Disziplin an den Tag legen, führen sehr häufig positive Selbstgespräche. Das scheint im ersten Moment etwas eigenartig zu sein, doch Selbstgespräche sorgen dafür, dass disziplinierte Menschen Ihre eigene Disziplin bewahren.

Dabei führen sich diese Menschen ihre Vorteile des Handelns vor Augen. Man spricht in diesem Fall auch von dem Belohnungsaspekt. Hat man ein Ziel vor Augen und diszipliniert sich auf dieses Ziel hin, dann sollte man sich immer die Vorteile vor Augen führen, die auftauchen, wenn man dieses Ziel erreicht hat. Wir möchten dazu einige Beispiele benennen, damit Sie selbst lernen, sich Ihr Handeln vor Augen zu führen.

Methoden, um sich selbstdiszipliniert zu benehmen:

- Formulieren Sie selbst, wie wichtig und lohnenswert die eigenen Ziele sind.
- Lenken Sie Ihren Blick auf das eigene Ziel.
- Vorhersehbare Behinderungen sollten direkt aus dem Weg geräumt werden.
- Stellen Sie sich einmal vor und visualisieren Sie, wie wichtig es ist, das Ziel zu erreichen und welches Gefühl Sie damit verbinden.
- Versuchen Sie Ihre eigenen Stärken in Bezug auf das Ziel zu definieren.
- Fokussieren Sie sich auf den Augenblick.
- Akzeptieren Sie, dass es nicht nur freudige Aufgaben gibt.

Wenn Sie diese Methoden durchführen, werden Sie sich ganz schnell vor Augen führen, warum Sie Ihr Ziel erreichen wollen und wie Sie es vor allem diszipliniert schaffen. Um diszipliniert ein Ziel zu erreichen, sollten Sie reine Willenskraft an den Tag legen.

Doch wie erreicht man Willenskraft?

Indem man lernt, sich auf die eigenen Ziele zu fokussieren. Nehmen Sie sich eine Aufgabe nach der anderen vor, die Sie zu Ihrem Ziel bringen wird. Fokussieren Sie sich in diesem Moment auf diese Aufgabe. Das sorgt nicht nur dafür, dass Sie disziplinierter arbeiten, sondern auch schneller fertig werden. Sie bewältigen eine Aufgabe effizienter und lukrativer, wenn Sie fokussiert auf diese Aufgabe hinarbeiten.

Natürlich gibt es im Alltag immer wieder Situationen, an denen man lieber in der Sonne sitzen würde, am Strand liegen würde oder sogar seinem eigenen Hobby nachgehen möchte. In diesem Fall sollte die Disziplin greifen. Sorgen Sie dafür, dass Sie sich Ihre eigenen Ziele noch einmal vor Augen führen. Überlegen Sie, welche Vorteile sich ergeben, wenn Sie Ihre Ziele erreicht haben.

Mit diesen Gefühlen können Sie sich zur Selbstdisziplin anhalten. Das erfordert natürlich sehr viel Übung. Sie sollten also versuchen, regelmäßig sich kleine Ziele zu setzen und diese zu erreichen. Das Ganze kann auch mit einem Belohnungssystem stattfinden.

Dazu möchten wir ein kleines Beispiel aus dem Alltag anbringen.

Wenn es um das Thema Hausarbeit geht, dann zeigt jeder seine persönlichen Schwächen. Da ist der Wäscheberg, der große Abwasch oder einfach nur die tägliche Reinigungsarbeit. Steht das an, wünschen wir uns alle sehnlichst, diese Aufgabe einfach anderen aufdrücken zu können.

Fügen Sie nun jedoch eine Belohnung ein. Wenn Sie diese Aufgaben erledigt haben, können Sie sich beispielsweise in die Sonne legen oder Ihrem Hobby nachgehen. Definieren Sie also in diesem Fall, welche Vorteile Sie davon haben, wenn Sie diese Aufgaben jetzt sofort erledigen. Erledigen Sie jetzt die Wäsche oder den Abwasch können Sie nachher Ihrem Hobby nachgehen. Damit schaffen Sie ein Ziel, wodurch Sie fokussiert und diszipliniert Ihre Aufgaben erledigen.

Wir möchten Ihnen an dieser Stelle noch einen kleinen Hinweis geben. Es ist wichtig, dass Sie sich selbst niemals verurteilen. Denn das mindert Ihr Durchhaltevermögen und ruiniert automatisch auch Ihre Selbstdisziplin. Sollten Sie also eine Aufgabe einmal nicht schaffen, dann rügen Sie sich dafür nicht, sondern versuchen Sie ganz einfach eine andere Perspektive der Disziplin hervorzurufen. Eine eigene Verurteilung sorgt immer dafür, dass ich Ihr Durchhaltevermögen in Luft auflöst.

So erlernt man die eigene Disziplin: Ich schaffe das!

Wollen wir uns nun auf die Reise zur eigenen Disziplin begeben. Wir möchten nun in diesem Abschnitt beschreiben, wie Sie zur eigenen Disziplin gelangen. Dabei werden wir auf einige Tipps und Tricks eingehen, die Sie selbst für Ihre Disziplin nutzen können.

Um die eigene Disziplin zu lernen, sollte man natürlich in seinem Leben alle Störfaktoren beseitigen. Überlegen Sie also einfach, unter welchen Aspekten Sie nicht leistungsfähig sind und damit auch keine Disziplin an den Tag legen. Sie müssen also Ihr Marshmallow finden. Überlegen Sie einmal, was Sie daran hindert, beispielsweise früh um 6 Uhr aufzustehen. Oder was hindert Sie daran, auf der Arbeit mehr Leistung zu bringen? Diese Frage können Sie auf alle Bereiche Ihres Lebens anwenden. Haben Sie den Störfaktor definiert, können Sie diszipliniert an diesem arbeiten.

Nachfolgend wollen wir nun drei elementare Tipps ansprechen, mit denen Sie Ihre Selbstdisziplin starten können. Danach gehen wir auf ganz einfache Tipps ein, die ihnen die Selbstdisziplin im Alltag vermitteln.

3 elementare Tipps zum Lernen der Selbstdisziplin

Es gibt drei elementare Tipps, mit denen Sie Ihre Selbstdisziplin und Willenskraft trainieren können. Diese möchten wir nun ganz kurz ansprechen, damit Sie sie in Ihrem Alltag integrieren können.

- Ein klares Ziel definieren

Es ist wichtig, dass Sie sich ein ganz klares Ziel definieren. Dabei sollten Sie darauf achten, welche wichtigen Ziele pro Tag anstehen und welche Sie längerfristig erreichen möchten. In diesem Fall kann Ihnen eine To-Do-Liste helfen. In unserem Buch werden wir Ihnen am Ende eine To-Do-Liste anfügen, die Sie für die Selbstdisziplin nutzen können.

- Nicht zu viel auf einmal planen

Für Ihre eigene Selbstdisziplin ist es wichtig, dass Sie sich nur auf wenige Dinge im Alltag konzentrieren. Deswegen wäre es vorrangig wichtig, sich eine To-Do-Liste für eine ganze Woche oder sogar für den ganzen Monat zu schreiben. Schreiben Sie für jeden Tag auf, welche wichtigen Aufgaben oder neuen Angewohnheiten Sie in Ihren Alltag integrieren. Denken Sie daran, dass Sie neue

Angewohnheiten mindestens vier bis sechs Wochen konsequent durchziehen müssen, damit Sie sich in Ihrem Alltag festigen. Fatal wäre es, zu viele Aufgaben auf einmal zu planen. Sobald Sie weniger Aufgaben in Ihren Alltag integrieren, haben Sie zusätzlich die Motivation und die Willenskraft, diese zu erledigen.

- Sorgen Sie für einen Ansporn

Sorgen Sie für etwas, das Sie dazu bringt, Ihre Aufgaben zu erledigen. Sei es eine Belohnung, sei es die schriftliche Notiz oder sogar der Wunsch, ein Ziel zu erreichen. Wenn Sie das nutzen, können Sie sich auf Ihr Ziel und Ihre Wünsche fokussieren.

Wichtige Tipps für die Selbstdisziplin

Kommen wir nun zu einem sehr wichtigen Kapitel unseres Buches. In diesem wollen wir Ihnen mitteilen, wie Sie beginnen, die Selbstdisziplin herauszukitzeln. Lernen Sie nun anhand unserer Tipps, die Selbstdisziplin selbst zu integrieren.

- Keine Steine in den Weg legen

Wer die Disziplin lernen möchte, sollte aufhören, sich Steine in den Weg zu legen. Natürlich muss man, um seine Ziele zu erreichen, manche Steine wegräumen. Es ist jedoch wichtig, dass beim Erlernen der Disziplin in diesem Moment keine Steine in den Weg gelegt werden. Ein gutes Beispiel ist die Rauchentwöhnung. Wer gerne aufhören möchte zu rauchen, braucht eine enorme Disziplin. Denn das Rauchen ist ein Suchtverhalten, welches nur sehr schwer überwunden wird.

Würden Sie nun eine Zigarettenschachtel vor sich hinlegen, kann es dazu kommen, dass Sie sich einen Stein in den Weg legen, welcher Ihnen die Selbstdisziplin raubt.

Das Gleiche gilt beispielsweise auch bei der gesunden Ernährung. Möchten Sie sich gerne gesund ernähren, dann wäre Ihr Stein in diesem Moment die Süßigkeit im Schrank. Achten Sie also darauf, diese offensichtlichen Steine zur Umsetzung Ihrer Selbstdisziplin und Ihres Ziels wegzuräumen.

- Klare Ziele definieren

Definieren Sie ganz klar Ihren Wunsch und Ihre Ziele. Wenn Sie das erreicht haben, können Sie diszipliniert auf diesen Wunsch hin arbeiten. Um sich ein Ziel mit Disziplin zu erarbeiten, sollten Sie sich folgende Fragen stellen.

- Wie möchte ich den Wunsch erreichen?

- Wieso möchte ich dieses Ziel erreichen?

- Wann möchte ich das Ziel erreichen?

Um Erfolg zu haben, ist es wichtig, sich bei jedem Vorhaben diese Aspekte aufzuschreiben. Das können Sie beispielsweise auch schriftlich mit einer To-Do-Liste machen. Schreiben Sie Ihre Aufgabe auf, definieren Sie, warum Sie diesen Aspekt erreichen möchten und wie. Wenn Sie diese Ziele klar definieren, können Sie Ihre Disziplin hervorrufen, um das Ziel zu erreichen.

- Das Ziel ausmisten

Dieser Tipp hört sich vielleicht etwas komisch an, kann aber sehr effektiv sein. Wir Menschen neigen dazu, uns zahlreiche Ziele zu setzen. Wir möchten beispielsweise gesünder leben, aufhören zu rauchen oder ganz einfach weniger Alkohol trinken. Diese Anhäufung zahlreicher Ziele führt dazu, dass wir uns an Zielen überschlagen. Das bedeutet auch, wir schaffen es nicht, unsere Ziele zu fokussieren. Wichtig ist, ein Ziel zu erreichen, bevor man das nächste definiert.

Sie sollten also überlegen, welche Ziele für Sie im ersten Moment wichtig sind. Auf der Arbeit ist es vielleicht die Erledigung eines Projektes, bevor Sie sich einem neuen Ziel widmen. Im Privatleben ist es vielleicht die gesunde Ernährung, bevor Sie sich der Rauchentwöhnung zuwenden. Schreiben Sie eine Wunschliste, auf die Sie alle Ziele setzen, die Sie erreichen möchten. Definieren Sie hier ganz klar, welche Ziele die Priorität haben. Am besten tun Sie das, indem Sie ein Ziel heraussuchen und sich dieses vor Augen führen. Mit einer Fokussierung auf dieses Ziel werden Sie die Disziplin ganz einfach erlernen.

- Strukturierter Alltag und Sauberkeit

Es klingt vielleicht etwas eigenartig, doch ein strukturierter Alltag und eine saubere Umgebung sorgen dafür, dass wir fokussierter arbeiten. Dieser Tipp lässt sich vor allem in der Wohnung und in der Arbeit nutzen. Wer eine saubere Umgebung hat und einen klar definierten Alltag, kann positive Zusammenhänge zu der Disziplin hervorrufen und zusätzlich motivierter sein.

- Die Belohnungen für sich selbst

Wenn Sie ein Ziel erreicht haben, dann sollten Sie sich belohnen. Nun sollten Sie sich nicht für jedes kleine Ziel belohnen. Wenn Sie beispielsweise Ihre Wäsche abgenommen haben, dann wäre es fatal, sich dafür direkt zu belohnen. Wesentlich wichtiger ist es, bei einem hohen Einsatz an Disziplin eine Belohnung zu gewährleisten. Denn das sorgt für positive Gefühle und sorgt erneut für Disziplin. Unser Unterbewusstsein bemerkt, dass es für hohe Disziplin eine Belohnung gibt. Mit diesem System werden wir die Disziplin ganz einfach in den Alltag integrieren können.

An dieser Stelle möchten wir Ihnen noch einen Tipp mit auf den Weg geben. Es ist wichtig, die Zielsetzung nicht zu hoch zu setzen, um Stress hervorzurufen. Natürlich ist die Disziplin auch immer am Anfang mit etwas Stress verbunden. Wer eine Aufgabe erledigen möchte und damit sein Ziel erreichen will, muss oftmals auch stressige Situationen überstehen. Doch Stress sollte nicht zum Alltag gehören. Er macht krank und sorgt dafür, dass die Motivation und die Selbstdisziplin sinken.

Mit Motivation zur Disziplin: Springe auf den Zug zur Fahrt ins Glück

Wir haben bereits mehrfach angesprochen, dass die Disziplin auch mit der Motivation zu tun hat. Um Disziplin umzusetzen, muss natürlich die Motivation dazu vorhanden sein. Wer die Motivation hat, eine bestimmte Aufgabe zu erledigen, spornt sich zur Selbstdisziplin an. Dabei ist es wichtig, die Motivation zu erlernen und sie aufrechtzuerhalten.

Doch wie geht das?

Um Motivation zu erhalten, ist das Belohnungssystem wieder elementar. Denn eine Motivation kann nur aus einer Belohnung heraus entstehen. Das müssen nicht unbedingt materielle Dinge sein, sondern es können auch emotionale Aspekte als Motivation gelten.

Möchte man beispielsweise eine saubere und ordentliche Wohnung haben, dann sollte man sich entsprechend motivieren. Die Motivation dahinter ist, dass man sich in einem ordentlichen Umfeld bewegt.

Um Motivation in Ihren Alltag zu integrieren, sollten Sie ebenfalls überlegen wieso, weshalb und warum Sie dieses Ziel erreichen wollen. Die Motivation kommt, wenn wir ein Ziel vor Augen haben, für welches wir belohnt werden. In diesem Fall sollten Sie also darüber nachdenken, Ihre Motivation anhand des eigenen Belohnungssystems zu gewährleisten.

Müssen Sie beispielsweise eine Hausarbeit schreiben oder auf der Arbeit eine bestimmte Tätigkeit erledigen, dann setzen Sie sich das Ziel, diese Tätigkeit zu erledigenen und belohnen Sie sich dafür. Beispielsweise mit einem Kaffee. Sorgen Sie mit dem Wunsch nach einer Tasse Kaffee dafür, dass Sie die Motivation entwickeln, Ihr Ziel zu erreichen. Durch die Motivation wird sich auch die Selbstdisziplin fördern lassen.

Do-it-yourself - Tipps zur Motivation

Wir möchten Ihnen an dieser Stelle ganz kurz einige Informationen und Tipps vermitteln, wie Sie die Selbstmotivation lernen können. Diese kann nicht nur im beruflichen Alltag stattfinden, sondern auch privat zu Hause. Denn auch hier begegnen uns immer wieder Aufgaben, zu denen wir uns motivieren müssen.

Motivieren Sie sich also mit folgenden Tipps.

- Ziele setzen
- Die innere Einstellung positiv beeinflussen
- Demotivation abbauen
- Motivierende Musik hören
- Motivation durch Visualisierung
- Motivation durch Belohnung
- Motivation durch Erinnerungen

Die letzten drei Punkte möchten wir ganz kurz erklären. Eine Motivation kann entstehen, wenn Sie einen Wunsch oder eine Aufgabe visualisieren. Das heißt, Sie nutzen die Darstellung, um eine Aufgabe zu bewältigen. Eine Visualisierung kann in diesem Fall eine schriftliche Aufgabe sein. Schreiben Sie auf eine große Liste mit den Aufgaben, die Sie erledigen müssen und setzen Sie dahinter ein Ziel und eine Belohnung. Durch diese schriftliche Ausführung aller Wünsche und Aufgaben visualisieren Sie und erhalten Sie Motivation, wenn eine Aufgabe abgestrichen wird. Die Motivation durch Belohnung haben wir bereits ganz kurz beschrieben. Belohnen Sie sich für Ihre Arbeiten.

Sei es mit einem Eis, mit einem Kaffee oder ganz einfach mit etwas Ruhe. Motivation durch Erinnerung kann ebenfalls stattfinden. Dabei sollten Sie die Erinnerungsmöglichkeiten auf Ihrem Handy oder auch auf andere Weise nutzen. Lassen Sie sich in unterschiedlichen Abständen an eine Aufgabe erinnern. Dadurch steigt die Motivation, diese Aufgabe endlich zu erledigen.

Durch die entstehende Motivation wird automatisch auch die Selbstdisziplin gelehrt. Denn wir disziplinieren uns dazu, diese Aufgabe mit Motivation zu erledigen. Irgendwann wird das zu einer guten Gewohnheit und die Disziplin gehört mit zu Ihrem Leben.

Wieso sollte man für die Selbstdisziplin langfristig denken?

Wir haben bis jetzt immer kurzfristige Ziele angesprochen und Ihnen gezeigt, wie man diese erreichen kann. Doch für eine aufbauende Selbstdisziplin sollte man langfristig denken. Denn wie bereits beschrieben können gute Gewohnheiten erst nach 4 bis 6 Wochen in den Alltag integriert werden. Sie werden nach dieser Zeit zu einer automatischen Gewohnheit, die wir im Leben durchführen. Ohne, dass wir darüber nachdenken.
Nun ist es wichtig, für eine langanhaltende Selbstdisziplin auch langfristig zu denken. Sie sollten sich also nicht nur kleine Ziele setzen, die Sie alltäglich erledigen können, sondern auch einen großen Wunsch, auf den Sie länger hinarbeiten müssen. Denn nur so lernen Sie, die Disziplin auch auf langfristige Weise auszurichten.

Wie können Sie in diesem Fall vorgehen?

- Setzen Sie sich ein Ziel

Um die Selbstdisziplin langfristig durchzuführen, sollten Sie sich ein Ziel setzen, welches Sie nicht sofort erreichen.

Dazu möchten wir ein Beispiel anführen. Nehmen Sie beispielsweise einen ganz besonderen Urlaub. Möchten Sie einmal in Ihrem Leben eine Kreuzfahrt machen, dann benötigen Sie, um dieses Ziel zu erreichen, Ihre Selbstdisziplin. Diese Selbstdisziplin wird mit verschiedenen Aufgaben gekoppelt sein. Sie benötigen Geld, für welches Sie höchstwahrscheinlich entweder mehr arbeiten müssen oder viel sparen. Aus diesen Aspekten heraus setzen sich erneut Aufgaben zusammen.

- Staffeln Sie Ihre Zielsetzung

Wir haben es gerade ganz kurz angesprochen. Sollten Sie sich ein Ziel auf langfristige Art setzen, dann müssen Sie verschiedene Teilaufgaben erfüllen. Diese sollten mit Zielen und Belohnungen gekoppelt sein.

Nehmen wir wieder das Beispiel der Kreuzfahrt. Möchten Sie eine Kreuzfahrt machen, dann benötigen Sie dafür eine bestimmte Summe an

Geld. Um diese bestimmte Summe an Geld zu erhalten, müssen Sie sparen oder viel arbeiten. Beide Aspekte sind mit unterschiedlichen Teilaufgaben verbunden. Um Ihr Ziel, die Kreuzfahrt, zu erreichen, sollten Sie sich finanzielle Ziele setzen. Beginnen Sie beispielsweise damit, jeden Monat 100 € zu sparen. Schaffen Sie das, können Sie sich beispielsweise mit einer grafischen Darstellung belohnen.

- Nicht zu hohe Ziele setzen

Bei der Zielsetzung auf langfristige Weise sollten Sie auf keinen Fall zu hohe Ziele setzen. Ein Urlaub ist beispielsweise ein guter Anfang. Er verbessert Ihre Lebensqualität und ermöglicht es Ihnen, zu zeigen, wie Sie mit einer Zielsetzung arbeiten.

In unserem Beispiel sollten Sie die Kreuzfahrt nicht innerhalb der nächsten 3 Monate machen wollen. Planen Sie das Ziel auf ein Jahr hin. Wenn Sie dafür bereits eine gewisse Summe angespart haben, können Sie die Buchung der Kreuzfahrt bereits als Teilziel setzen. Von da an sollten Sie sich wiederum kleinere Ziele setzen, die nicht zu hoch erscheinen. Ist ein Ziel zu hoch gesetzt, werden Sie auf halber Strecke scheitern.

Denn Sie werden nicht mehr die Motivation aufbringen können, um dieses Ziel zu erreichen. Ziele, die Sie sich setzen, sollten also realisierbar sein.

Ich denke, was ich bin! Wie meine Gedanken mich beeinflussen?

Wussten Sie, dass Ihre Gedanken Ihr Handeln beeinflussen? Das Sprichwort „Ich denke, was ich bin“ ist also nicht einfach so aus der Luft gegriffen. Eine positive Denkweise wird automatisch auch zu einem positiven Handeln und zu einem positiven Selbstbild führen. Deswegen möchten wir Sie in diesem Abschnitt zu einer positiven Denkweise verführen. Erst wenn sich Ihre Denkweise aus dem Pessimismus heraus bewegt, können Sie auch erfolgreich an Ihrer Selbstdisziplin arbeiten.

Bevor wir nun auf weitere Aspekte eingehen, möchten wir ganz kurz die Gedanken und Ihre Wirkung beschreiben. Wir Menschen sind von unseren Gefühlen abhängig. Auch wenn viele das bestreiten, so fühlen wir das, was wir denken. Man nennt diese Wahrnehmung auch Visualisierung. Unsere Willenskraft und unsere Willensstärke sorgen dafür, dass wir uns bestimmte Situationen vorstellen können, die wiederum eine Auswirkung auf unser Handeln haben. Auch das kann man mit einem kleinen Experiment beweisen.

Stellen wir uns etwas Trauriges vor, dann dauert es nicht lange und wir bekommen eine melancholische Stimmung. Wir fühlen das, was wir denken. Anders sieht es wiederum aus, wenn wir uns etwas Positives und Fröhliches vorstellen. Sorgen wir dafür, dass wir ein fröhliches Gemüt haben, dann werden sich auch unsere Gedanken dementsprechend entwickeln. Wer gute Laune versprüht, wird auch positive Gedanken ausstrahlen. Genau diesen Aspekt sollten Sie berücksichtigen, wenn es darum geht, Ihre Disziplin in den Alltag zu integrieren.

Negative Gedanken-Phasen, die Ihre Selbstdisziplin stören

Wer ein negatives Gedankenmuster hat, wird unter einem fehlenden Selbstwertgefühl leiden. Denn durch die negativen Gedankenmuster bewegen wir uns in einer emotionalen Grenzebene, die uns zu Pessimisten macht. Deswegen sollte man unbedingt negative Gedanken vermeiden. Etwas vorher schwarzzumalen führt nur dazu, dass wir keine Motivation mehr haben, und auch unsere Selbstdisziplin leidet.

Negative Gedanken können aus ganz unterschiedlichen Ursprüngen entstehen. Schlechte Erfahrungen im Alltag oder einfach eine schlechte Grundeinstellung sorgen für negative und selbstzerstörerische Gedanken. Die Selbstdisziplin leidet darunter sehr. Denn wir können uns durch negativen Gedanken nicht dazu aufraffen, Motivation aufkommen zu lassen. Von welchen negativen Gedanken sprechen wir?

Selbstzerstörerische Gedanken sind der Hauptkern eines mangelnden Selbstwertgefühls, wodurch auch die Selbstdisziplin leidet.

Folgende Sätze sollten Sie vermeiden:

- Das ist zu schwierig.
- Das schaffe ich nie.
- Mich mag keiner.
- Ich schaffe das nicht, weil ich dafür nicht gut genug bin.

Das sind nur kleine Beispielsätze, die Ihnen aufzeigen sollen, welche Sätze Sie in Ihrem Alltag streichen sollten. Denn nur wenn Sie sich positiv reden, können Sie die Motivation erreichen, um Ihre Disziplin anzuzapfen. Denn Disziplin hat jeder Mensch, der sich ein Ziel setzt.

Positive Gedanken, die Selbstdisziplin fördern

Positive Gedanken können ebenso wie negative unser Handeln beeinflussen. Dabei geht es vor allem vorrangig um die Disziplin. Denken wir positiv, haben wir mehr Motivation und können auch mit Disziplin an Projekten arbeiten. Das geht nicht nur im Berufsleben, sondern auch im Privatleben. Positive Gedanken sorgen für eine positive Grundeinstellung und bieten und somit mehr Perspektiven. Anstatt sich negative Gedanken zu machen und sich Sorgen zu bereiten, sollte man bestimmte Dinge positiv sehen.

Dazu gehört es auch, sich bestimmten Tatsachen zu stellen. Aspekte oder Handlungen, die wir nicht beeinflussen können, sollten unser Leben nicht bestimmen. Das bedeutet auch, dass Sie sich angewöhnen sollten, Dinge, die Sie nicht ändern können, nicht zu sehr in Ihr Leben zu integrieren.

Positive Gedanken, die mehr Disziplin fordern:

- Ich schaffe das.
- Ich freue mich auf die neuen Aufgaben.
- Mein Tag wird gut und erfüllt.
- Ich arbeite an mir selbst.

Sprechen Sie sich jeden Morgen, bevor Sie aus dem Haus gehen, Mut zu und sorgen Sie so für eine positive Grundeinstellung. Sie werden schnell bemerken, dass diese positive Grundeinstellung Ihr gesamtes Leben beeinflusst. Gehen Sie am Morgen mit einem schlechten Gedanken aus dem Haus, wird sich dieser Gedanke über den ganzen Tag hinziehen. Denn Sie erhalten durch diese schlechten Gedanken einen schlechte Grundeinstellung und somit auch keinerlei Motivation. Diese ist wichtig, um bestimmte Aufgaben im Alltag zu meistern.

Wie kann ich von erfolgreichen Menschen lernen?

Schaut man sich erfolgreiche Menschen an, dann bewundert man immer wieder ihren Mut und vor allem ihr Auftreten. So scheint es häufig Magie zu sein, wenn man sich diese Menschen anschaut. Doch mit Magie hat das wenig zu tun, denn die erfolgreichen Menschen haben so viel Disziplin, dass ihnen ihr Leben nahezu in die Hände zu fallen scheint.

Doch natürlich muss jeder für sein eigenes Leben hart arbeiten. Mit Disziplin kann man sein Leben und seine Lebensqualität beeinflussen. Was kann man nun aber selber von erfolgreichen Menschen lernen?

In erster Linie sollte man lernen, dass Kleider Leute machen. Erfolgreiche Menschen werden sich immer gut kleiden und immer gepflegt auftreten. Das ist ein kleines Grundgeheimnis, welches Sie sich bereits jetzt merken sollten. Wer mit Disziplin erfolgreich sein möchte, sollte lernen, sich diszipliniert zu verhalten. Dazu zählt auch das eigene Auftreten, welches durch Kleidung und Aussehen bestimmt wird.

Ernährung und Sport sind ebenfalls zwei Aspekte. Wer sein Leben diszipliniert führt, wird auf eine gesunde Ernährung und somit auf seine Gesundheit achten. Auch Sport zählt mit dazu. Denn dieser vermittelt Energie und Glückshormone. Genau die zwei Aspekte, die man für mehr Motivation benötigt.

Doch von erfolgreichen Menschen kann man noch viel mehr lernen. Sie haben einen strukturierten Tagesablauf, dem Sie folgen.
Das heißt auch, sie beschäftigen sich mit ihrem Alltag und somit mit ihren Wünschen. Ein erfolgreicher Mensch wird immer einen Plan haben, wie er seinen Alltag bestimmen möchte. Sie sollten also einen Alltagsplan anlegen. Auch hier kann Ihnen wieder die To-Do-Liste helfen.

Zusätzlich können Sie von erfolgreichen Menschen lernen, dass Sie sich mit genauso erfolgreichen Menschen umgeben. Das soziale Umfeld spielt eine wichtige Rolle, wenn es um den Erfolg und damit auch um die Selbstdisziplin geht.

Lernen Sie Menschen kennen, die Ihren Weg gemeinsam mit Ihnen bestreiten. Personen, die Sie mit schlechten und negativen Gedanken füttern, sollten Sie aus Ihrem Leben streichen. Denn diese werden Ihnen nicht dabei helfen, Ihre Selbstdisziplin zu erlernen.

Entwickle gute Gewohnheiten, um mit Disziplin den Alltag zu meistern

Gewohnheiten in den Alltag zu integrieren, ist nicht ganz leicht. Wie bereits beschrieben benötigt man dafür ungefähr 4 bis 6 Wochen. Es gibt jedoch einige Gewohnheiten im Alltag, die sich positiv auf die Disziplin auswirken. Welche Gewohnheiten das sind, möchten wir nun ganz kurz erklären. Natürlich möchten wir Ihnen auch vermitteln, wie Sie diese Gewohnheit in Ihren Alltag integrieren.

Mit zu den wichtigsten Gewohnheiten gehören die Meditation und das eigene Selbstwertgefühl. Die Meditation sorgt dafür, dass wir uns von Stress befreien und eine ruhige Grundeinstellung erhalten. Haben wir diese Meditation bereits in unseren Alltag integriert, können wir uns selbst besser reflektieren. Das Reflektieren ist für die Selbstdisziplin besonders wichtig. Sie sollten also beginnen, jeden Morgen oder jeden Abend zu meditieren. Das müssen keine Stunden sein, sondern oftmals reichen schon 10 oder 20 Minuten. Aus diesem Verfahren werden Sie Energie und Kraft schöpfen.

Eine ebenfalls gute Gewohnheit ist es, sich täglich eine To-Do-Liste zu schreiben. Das kann am Morgen beim Frühstück sein oder am besten noch abends, bevor Sie ins Bett gehen. Definieren Sie auf dieser To-Do-Liste ganz genau, was Sie sich für den nachfolgenden Tag vorgenommen haben. Anhand dieser To-Do-Liste visualisieren Sie Ihre Wünsche und Ihre Ziele und können dadurch mehr Selbstdisziplin aufbringen. Achten Sie allerdings darauf, dass die Liste nicht zu lang wird, sodass Sie auch wirklich die Möglichkeit haben, Erfolge zu erzielen.

Sport in den Alltag zu integrieren, ist ebenfalls eine gute Gewohnheit, um die Disziplin zu erlernen. Denn für Sport braucht man enorm viel Motivation und Disziplin. Sie sollten also lernen, auch diese Gewohnheit in Ihren Alltag zu integrieren. Dazu können Sie einfach anfangen, Mitglied in einem Fitnessstudio zu werden oder sich sogar Gleichgesinnte zu suchen.

Es gibt noch eine gute Gewohnheit, die man unbedingt im Alltag integrieren sollte. Diese Gewohnheit nennt sich Zeit für sich selbst. In dieser Zeit sollte man versuchen sich selbst und seinem Hobby entgegenzutreten. Ruhe und ein offline Leben können dazu führen, dass Sie mehr Energie im Alltag haben. Man hat automatisch mehr Motivation, an seinen Alltag heranzutreten.

An dieser Stelle möchten wir noch einen ganz besonders wertvollen Tipp geben. Um die eigenen positiven Gedanken zu stärken, sollte man einmal am Tag, am besten abends, einen Zettel oder ein Buch zur Hand nehmen. In dieses Buch oder auf den Zettel schreiben Sie drei Dinge, für die Sie dankbar sind. Schreiben Sie einfach einmal auf, wofür Sie an diesem Tag dankbar waren. Beispielsweise die zehn Minuten Ruhe oder das gute Essen.

Das schärft nicht nur Ihre Eigenwahrnehmung, sondern sorgt auch für mehr Motivation, um weitere Aufgaben zu bewältigen. Und wie wir wissen, kommt aus der Motivation auch die Disziplin.

Checkliste – Wie steht es um Ihre Selbstdisziplin? Testen Sie, wie diszipliniert Sie wirklich sind.

Kommen wir abschließend noch zu der Frage, wie es um Ihre eigene Selbstdisziplin steht. Sicherlich haben Sie dieses Buch nicht angefangen, um mehr über die Selbstdisziplin zu lernen, sondern um Sie in Ihrem eigenen Leben zu integrieren. Doch wie steht es eigentlich um Ihre Selbstdisziplin? Haben Sie sich schon einmal überlegt, ob Sie vielleicht sogar Selbstdisziplin besitzen, es nur noch nicht gemerkt haben? Unsere Checkliste wird nun aufzeigen, ob Sie Selbstdisziplin haben oder nicht.

Beantworten Sie folgende Fragen und lernen Sie mehr über sich selbst.

- Schaffen Sie immer alle Aufgaben, die Sie sich vorgenommen haben?
- Stehen Sie mit einem positiven Gedanken auf?
- Muss man Sie zu den Aufgaben antreiben?
- Schaffen Sie es, sich leicht für Aufgaben zu motivieren?
- Können Sie Ihre Gedanken positiven beeinflussen?
- Erreichen Sie Ihre Ziele mühelos?

Wenn Sie die meisten Fragen mit einem Ja beantwortet haben, dann haben Sie sehr viel Selbstdisziplin. Sie können diese also mit unseren Tipps und Tricks modifizieren und in Ihren Alltag integrieren.

Um nun die Selbstdisziplin umzusetzen, sollten Sie folgende Checklisten-Punkte durcharbeiten.

- ✓ Definieren Sie Ihre Ziele.
- ✓ Lernen Sie, Ihre eigenen Interessen durchzusetzen.
- ✓ Schreiben Sie To-Do-Listen.
- ✓ Fokussieren Sie sich auf Ihr Ziel und die daraus resultierenden Vorteile.
- ✓ Lernen Sie, selbst eine Pause in Ihrem Alltag zu integrieren.
- ✓ Denken Sie positiv.
- ✓ Belohnen Sie sich für Ihre Leistungen.

Wenn Sie auch hier einige Punkte bereits abstreichen konnten, dann sind Sie auf dem besten Weg, Ihre Selbstdisziplin umzusetzen.

Schlussworte

Wir hoffen, dieses Buch konnte Ihnen dabei helfen, die Selbstdisziplin etwas intensiver zu betrachten. Es ist möglich, die Disziplin zu lernen, auch wenn dieser Weg sehr lang ist. Unser Buch soll Ihnen einige hilfreiche Tipps vermitteln, wie Sie mit Disziplin Erfolge erzielen können. Wir wünschen Ihnen nun eine erfolgreiche Zeit und hoffen, Sie werden an Ihrer Disziplin arbeiten können.

Tauche ein in die spirituelle Welt und verstehe die Bedeutung aller sieben Chakren!

Chakren befinden sich sowohl in und außerhalb des Körpers, in diesem Buch erfährst du alles von der Funktion, der Reinigung und der Ausgewogenheit deiner Chakren.

- Überwinde Depressionen und Kraftlosigkeit
- Vertreibe Freudlosigkeit oder Schuldgefühle aus deiner Psyche
- Verhindere körperliche Überlastung, Verlustängste und Stress
- Erhalte Selbstbewusstsein und erreiche deine Ziele
- Egal ob Trauer, Kummer oder Müdigkeit. Geheilte Chakren helfen dir
- Erhalte das richtige Mindset um erfolgreich und glücklich im Leben zu stehen

Ein **glückliches und erfolgreiches Leben**ist nicht vom Geld oder Job abhängig. Es geht um die Mentalität und deine Einstellung. Eine innere Ausgewogenheit ist der **Schlüssel zum Erfolg**, nutze deshalb die göttlichen Energien der Chakren für dich.

ISBN: 1719864799

Meditation für Anfänger: Wie Einsteiger richtiges Meditieren lernen inkl. Schritt für Schritt Anleitung

Meditation bringt dich, deinen Körper, deinen Geist und deine Seele in Einklang. Mit diesem Buch erhältst du den perfekten Einstieg in die Praxis und wirst Schritt für Schritt zu deiner ersten Meditation-Erfahrung begleitet.

- Verhindere körperliche Überlastung, Ängste und Stress
- Überwinde Depressionen oder Kraftlosigkeit
- Vertreibe Freudlosigkeit oder Schuldgefühle aus deiner Psyche
- Erhalte das richtige Mindset um erfolgreich und glücklich im Leben zu stehen

Ein **glückliches und erfolgreiches Leben** ist nicht vom Geld oder Job abhängig. Es geht um die richtige Einstellung, die Mentalität und innere Ausgewogenheit. Eine innere Ausgewogenheit ist der **Schlüssel zum Erfolg**, nutze deshalb die göttliche Macht des Meditierens für dich.

ISBN: 1731121075

©Julian Grubzeller 2019

1. Auflage

Alle Rechte vorbehalten

Nachdruck, auch auszugsweise, verboten.

Kein Teil dieses Werkes darf ohne schriftliche Genehmigung des Autors in irgendeiner Form reproduziert, vervielfältigt oder verbreitet werden.

Kontakt: Michael Stoiber / Otterbachstr. 33 / 85301 Schweitenkirchen

Fotos: depositphotos.com

Das Werk einschließlich aller seiner Teile ist urheberrechtlich geschützt. Jede Verwertung ist ohne schriftliche Zustimmung des Autors unzulässig. Darunter fallen auch alle Formen der elektronischen Verarbeitung.

Die Wiedergabe von Gebrauchsnamen, Handelsnamen, Warenbezeichnungen usw. in diesem Werk berechtigt auch ohne besondere Kennzeichnung nicht zu der Annahme, dass solche Namen im Sinne der Warenzeichen- und Markenschutz-Gesetzgebung als frei zu betrachten wären und daher von jedermann benutzt werden dürfen.

Der Autor übernimmt keinerlei Gewähr für die Aktualität, Korrektheit, Vollständigkeit oder Qualität der bereitgestellten Informationen und weiteren Informationen.

Haftungsansprüche gegen den Autor, welche sich auf Schäden materieller oder ideeller Art beziehen, die durch die Nutzung oder Nichtnutzung der dargebotenen Informationen bzw. durch die Nutzung fehlerhafter und unvollständiger Informationen verursacht wurden, sind grundsätzlich ausgeschlossen.

45160942R00047

Printed in Poland
by Amazon Fulfillment
Poland Sp. z o.o., Wrocław